AF286919

Was wäre, wenn du eines Tages aufwachst, und all deine Sorgen und Ängste haben sich in Luft aufgelöst - wie würde dein Leben dann aussehen?

Ganz gleich ob du an Zufälle glaubst oder nicht, allein die Tatsache, dass du gerade jetzt dieses Buch in deinen Händen hältst, hat seinen Grund - finde ihn doch heraus.

2. Auflage 2013

Copyright 2011 by Dream Factory
E-Mail: info@dream-factory.ch
Internet: www.dream-factory.ch

Herstellung und Verlag:
BoD - Books on Demand, Norderstedt
ISBN 978-3-8423-6067-9

Nick & Regina Lötscher

Der Ausstieg aus dem Hamsterrad

Inhaltsverzeichnis

Das Hamsterrad

Als Kinder träumen wir davon, was wir später einmal werden wollen. Wir gehen zur Schule und sagen: «Wenn ich einmal gross bin, dann kann ich machen, was ich will». Wir beginnen die Erstausbildung und sagen: «Wenn ich dann die Lehre oder das Studium abgeschlossen habe, dann kann ich mir meine Träume erfüllen.»

Nach der Erstausbildung geht es erst einmal darum, Geld zu verdienen. «OK», sagen wir uns, «wenn ich dann erst einmal einige Jahre gearbeitet habe, dann, ja dann kann ich mir meine Träume erfüllen».

Bald schon lockt die erste höhere Position und wir sagen uns: «Na, diese Chance muss ich jetzt packen. Schliesslich erhalte ich dann mehr Lohn und kann mir meine Träume verwirklichen.» Wir geben alles, investieren viel Zeit in Weiterbildung, machen Überstunden und sind mittendrin im Geschäftsleben, wo wir unsere Zeit gegen Geld tauschen.

Vielleicht kommt auch bald die grosse Liebe, eine Familie wird gegründet und wir sagen uns: «Na, die Verwirklichung meiner anderen Träume kann noch ein bisschen warten. Eines Tages dann, wenn die Kinder erst grösser sind, dann, ja dann kann ich meine Träume verwirklichen.» Doch wenn die Zeit gekommen ist und die Kinder ihren eigenen Weg gehen, heisst es: «Ich kann mich doch jetzt nicht einfach ausklinken. In dem Alter finde ich nicht so schnell wieder einen anderen Job und schon gar nicht in der Position, die ich mir schliesslich ein Leben lang erarbeitet habe. Da ist es doch viel gescheiter, ich beisse noch fünf, sechs Jahre durch. Denn schliesslich, wenn ich pensioniert bin, dann habe ich Zeit und kann all meine Träume verwirklichen».

Der Tag der Pensionierung wird denn auch nur leise gefeiert. Denn bald schon wird klar, dass wir jetzt zwar mehr Zeit, doch mit der Rente auch weniger Geld zur Verfügung haben. Und was wird dann aus all den Träumen? Wie viele davon werden still und leise begraben? Und gibt einer dieser Träume doch keine Ruhe, wird dies mit der Rechtfertigung erledigt: Da bin ich doch zu alt dafür oder das brauche ich doch gar nicht.

So, oder ähnlich gelangen wir schleichend in ein Hamsterrad, ohne dass es uns bewusst wird. Manchmal meldet sich tief aus dem Innern der Wunsch, dieses Hamsterrad zu verlassen. Aber dafür bleibt meistens nicht viel Zeit, denn der Ruf der Verbindlichkeiten die wir bereits eingegangen sind erinnert uns daran, das Hamsterrad wieder anzutreiben.

Muss dies wirklich so sein? Was wäre, wenn es tatsächlich eine Möglichkeit gibt, aus diesem Hamsterrad auszusteigen? Ohne auf Lebensqualität, berufliche Anerkennung, finanzielle Freiheit verzichten zu müssen? Würdest du diese Möglichkeit auch tatsächlich genau prüfen und für dich packen? Wenn ja, solltest du dieses Buch bis ganz zum Schluss aufmerksam lesen.

Was möchten wir heute wirklich?

Wenn wir einmal ganz sachlich und unvoreingenommen die Lebensäusserungen der Menschen wahrnehmen, dann können wir feststellen, dass jegliches Denken, Streben und Handeln in eine einzige Richtung weisen: in die Richtung von Selbstentfaltung und Erfüllung, in die Richtung vom Glückserleben. Das menschliche Nervensystem, die Organe und das ganze Drüsensystem arbeiten dann einwandfrei, wenn wir glücklich sind. So leben wir mit unserem Körper, mit unseren seelischen und geistigen Fähigkeiten optimal, wenn wir uns rundum glücklich fühlen. Das Streben eines jeden Menschen nach Glückserleben stellt demnach einen der wichtigsten Faktoren einer gesunden Entwicklung dar.

Nur, was lässt in uns dieses natürliche Streben aufblühen? Es sind Perspektiven, die Aussicht auf zukünftige Ereignisse und Erlebnisse, die die gewünschte Fülle und das damit verbundene Glückserleben in unser Leben bringen.

Ganz gleich welchen Lebensbereich wir betrachten, Perspektiven und Möglichkeiten sind für uns sehr wichtig. Wer Zukunftsperspektiven hat, ist kreativer, aktiver und nimmt intensiver am Leben teil.

Frag dich doch einmal: «Kann ich mit meiner heutigen Tätigkeit meine Träume auch tatsächlich verwirklichen?»

Einen Grossteil der Zeit verbringen wir am Arbeitsplatz. Da liegt es doch auf der Hand, dass wir uns dort ein förderliches Klima wünschen. Ein Umfeld, in dem wir uns in allen Bereichen optimal weiterentwickeln können. Wir wünschen uns erfüllende Aufgaben und ein Umfeld, in dem wir so richtig unserer Natur entsprechend aufblühen können.

Das ist eine ganz natürliche Angelegenheit. Die Natur macht es uns sogar tagtäglich vor: Zuerst wird aufgeblüht und erst danach werden Früchte getragen. Ein Apfelbaum würde beispielsweise niemals ohne vorheriges Aufblühen Früchte tragen und schon gar nicht entgegen seiner Natur Kirschen oder Birnen produzieren.

Da sind wir Menschen schon ganz anders. Wir wollen zuerst krampfhaft Früchte aus uns herausquetschen und erhoffen uns dann, die Früchte würden uns zum Blühen bringen. Irgendwie scheint das absurd, oder? Auch gibt es immer noch viele Unternehmen, die von ihren Mitarbeitern Früchte abverlangen, die nicht ihrer Natur entsprechen. Gerade so, als wenn wir versuchen würden, von einem Apfelbaum zu erwarten, dass er in diesem Jahr mal ausnahmsweise Kirschen produziert, nur weil diese gerade mehr Gewinn einbringen.

Dass eine solche Vorgehensweise nicht gut ausgehen kann, liegt auf der Hand. Die vielen Burnout-Erkrankungen sprechen denn auch nur ganz leise davon, dass vielen Menschen Früchte abverlangt werden, ohne dass sie vorher aufblühen konnten.

Überprüfe selbst: Kannst du bei deiner momentanen Tätigkeit voll aufblühen? Und lassen sich deine Träume dadurch verwirklichen? Auch dann noch, wenn du das Arbeitstempo etwas zurücknimmst? Wenn ja, dann bleibe dabei. Aber wenn nicht, dann ändere es.

Vielen Umfragen bei Arbeitstätigen zufolge stehen Werte wie: Anerkennung, berufliche sowie private Zukunftsperspektiven, finanzielle Sicherheit, Selbstbestimmung, Mitspracherecht und Selbstverwirklichung auf den obersten Positionen der Wichtigkeitsskala. Werte also, die sich Menschen in der heutigen Zeit wünschen und nach denen sie ihre Lebensziele und Träume ausrichten.

Nur, in den Führungsetagen unserer heutigen Wirtschaftswelt geht es zunächst um Gewinnoptimierung, Rentabilität und Umsatzwachstum. Auch wenn uns so manche wohlklingend geschriebene Geschäftsphilosophie etwas anderes vorgaukeln will. Solange an den Hochschulen, an welchen das Kader von morgen ausgebildet wird, diesbezüglich kein Sinneswandel stattfindet, ist leider keine Besserung in Sicht. Es liegt also in der Verantwortung eines jeden Einzelnen, nach entsprechenden Lösungen zu suchen.

Es vergeht kaum ein Tag, an dem wir nicht durch die Medien oder Politik aufgefordert werden mehr Selbstverantwortung zu übernehmen. Eigentlich toll, denn mehr Selbstverantwortung heisst gleichzeitig auch, mehr Selbstbestimmung und Einflussmöglichkeiten zu haben.

Ja, die Zukunft gehört den aufblühenden Persönlichkeiten. Jenen also, die Selbstverantwortung übernehmen und dadurch selber so richtig aufblühen und edle Früchte hervorbringen. Aufblühende Persönlichkeiten lassen andere Menschen ebenfalls ihrer Natur entsprechend aufblühen, damit auch sie edle Früchte hervorbringen können. Starke Persönlichkeiten eben, die nicht bloss beeindrucken, sondern eine charismatische Anziehungskraft auf andere Menschen haben. Die Masseinheit heisst hier Persönlichkeit. Sie sind beliebt, weil sie so sind und nicht, weil sie viel haben oder können.

Was finden wir oft vor?

Mit der Präzision eines Schweizer Uhrwerks kommen sie - die Krisen. Sei es wieder mal eine Wirtschaftskrise, eine politische oder auch eine gesellschaftliche Krise. Für viele Menschen bedeuten sie, negative Konsequenzen tragen zu müssen. Bloss für einige wenige bedeuten diese Krisen jedoch die Möglichkeit, ihr schamloses Ausbeuten der Firmenkassen und ihr unternehmerisches Versagen vertuschen zu können. Da kommt bei uns die Frage auf: «Weshalb schauen so viele Menschen einfach zu, auch wenn sie es sind, die die negativen Konsequenzen solcher Machenschaften tragen müssen?». Das liegt oft daran, dass viele glauben, sie hätten keine andere Wahl, keine Perspektiven, keine Möglichkeiten. Sie müssten die Situation so akzeptieren, wie sie ist. Resignation macht sich breit und das Gefühl der Abhängigkeit entsteht.

In unserer jahrzehntelangen Tätigkeit als Persönlichkeitstrainer haben wir viele tausende Menschen angetroffen - Selbstständigerwerbende und Arbeitnehmer - welche von denselben Konsequenzen dieser Machenschaften geplagt werden. Sie sind in einen Kreislauf geraten, aus dem sie glauben, nicht mehr aussteigen zu können - zu viele Verpflichtungen sind sie im Laufe der Zeit eingegangen.

Wer erst einmal in eine solch defensive Haltung geraten ist, wird einfacher zum Spielball der Wirtschaft und glaubt all die unnatürlichen Umgangsformen dulden zu müssen. Klare Hinweise darauf, dass hier ein Missstand besteht, liefern Äusserungen wie: «Ich kann schuften so viel ich will und komme trotzdem zu nichts», oder «mir hängt das Arbeitsklima zum Hals raus», oder «ich möchte gerne einen anderen Job, aber was soll ich sonst machen?», oder «wenn ich meine Arbeitsstelle verliere, kann ich meine finanziellen Verpflichtungen nicht mehr erfüllen».

Wir fragen dann meistens höflich nach: «Ja, was hast du denn schon alles unternommen, diese Umstände zu ändern?» Meistens wird es dann sehr still, bevor ein Schwall an Rechtfertigungen folgt: «Ja also, das kann man nicht einfach so auf die Schnelle - ich habe meine Verpflichtungen... usw.»

Wenn wir dann zu höflich-hartnäckig übergehen, kommen die Punkte, wo der Schuh wirklich drückt, ans Licht. Äusserungen wie: «Ich sehe meine Partnerin fast nie, weil wir nur noch arbeiten», oder «wenn doch die finanzielle Belastung nicht so hoch wäre, dann könnten wir uns auch etwas mehr gemeinsame Zeit gönnen», oder «wir verdienen zwar ganz gut, aber zu welchem Preis?». Auch das sind deutliche Anzeichen, dass Verpflichtungen eingegangen worden sind, die mit den gewünschten Wertvorstellungen der betroffenen Menschen nicht übereinstimmen.

Vielleicht denkst du jetzt, dass Künstler oder Sportler diesem Kreislauf entgehen können. Da müssen wir dich leider enttäuschen. Die lange Kette der Wirtschaft reicht auch bis zu ihnen. Die langwierige erfolglose Suche nach Sponsorengeldern bedeutet jedes Jahr für viele talentierte Sportler auch gleichzeitig das Karriereende. Und diejenigen, die es schaffen, einen Sponsor zu finden, gehen auch hier Verpflichtungen ein, die nicht zwangsläufig die Werte verkörpern, die dem Athleten wichtig sind.

Auch von dieser Seite her hören wir Äusserungen wie: «Ich habe es satt, immer zu wenig Geld zu haben», oder «unser Team bricht auseinander, wir streiten nur noch wegen des Geldes», oder «ich muss immer noch 50 Prozent arbeiten, wenn ich doch bloss mehr Zeit für das Training hätte».

Ganz tief berühren uns jeweils Aussagen wie: «Die Krise hat mein Geschäft zerstört, und was soll ich jetzt bloss tun?», oder «ich würde mit meinen Kindern so gerne mehr unternehmen, aber das geht aus zeitlichen Gründen nicht», oder «nach 20 Jahren Mutterschaft habe ich mir den Wiedereinstieg in das Berufsleben aber anders vorgestellt».

All diese Menschen haben sich dereinst in den Arbeitsprozess begeben mit dem Ziel, sich ihre Träume und Wünsche erfüllen zu können. Das natürliche Streben nach Selbstentfaltung und Erfüllung lässt sie davon träumen, glücklich zu sein und vielleicht sogar mal so richtig am Reichtum zu laben und frei zu sein. Doch wo sind sie denn alle hingekommen, die verwirklichten Träume? Wie viele davon fristen ihr Dasein in einer verdrängten Ecke?

Wie nur kann es überhaupt so weit kommen? Sind denn all die Träume wirklich nur dadurch zu erreichen, indem wir das Lauftempo im Hamsterrad stetig erhöhen? Es muss doch noch andere Möglichkeiten geben. Aber eben, die Verwirklichung eines jeden Traumes hat immer auch direkt oder indirekt mit dem Thema Geld zu tun. Da macht es doch Sinn, dieses Thema etwas genauer anzuschauen.

Geld - die ewige Hass-Liebe

Lass uns dieses Tabuthema doch einfach mal auf den Tisch bringen: Was ist Geld eigentlich? Ein Tauschmittel. Nicht mehr und nicht weniger. Alles andere drum herum sind Glaubenssätze früherer Prägungen. Zum Beispiel: Geld stinkt, Geld macht auch nicht glücklich, Geld verdirbt den Charakter usw.

Weshalb aber ist Geld mit so vielen negativen Glaubenssätzen verknüpft? Vielleicht haben sie Menschen, die viel Geld haben, in den Umlauf gesetzt, damit sich möglichst viele davon fernhalten und sie dadurch noch mehr erhalten? Vielleicht aber schützen sich viele mit den negativen Glaubenssätzen, weil sie vor der Tatsache Angst haben, dass Geld keineswegs den Charakter verdirbt, sondern lediglich den wahren Charakter eines Menschen zum Vorschein bringt?

Vielleicht aber sind solche Glaubenssätze auch nur eine praktische Rechtfertigung dafür, dass die eigene finanzielle Situation nicht gerade den eigenen Wünschen entspricht. Genauso wenig wie Geld nämlich glücklich machen kann, kann Geld jemanden unglücklich machen. Es ist immer der Mensch, der seinem Charakter entsprechend damit umgeht. Wenn du dich jetzt immer noch vor Geld fürchtest, solltest du nicht das Geld waschen, sondern deine Einstellung zum Geld.

Ohne deine Gedanken und Handlungen wird sich Geld nicht von dir weg und auch nicht auf dich zu bewegen. Es folgt ganz einfach auf deine Anweisungen. Allerdings, hinter jeder Anweisung steckt immer auch ein Mensch mit seinen Absichten. Deshalb bringt es nichts, zu meinen, man sei aufgrund seines Reichtums oder seiner Armut ein besserer Mensch. Das nützt niemandem etwas und schon gar nicht dir selber.

Oft hören wir auch den Ausspruch: «Dem geht es doch nur um das Geld». Wenn wir doch schon einmal das Tabu-Thema Geld so schön auf dem Tisch ausgebreitet haben, wollen wir doch mal etwas genauer hinsehen. Wir erlauben uns jetzt einfach mal, dir die Frage zu stellen: Was ist denn der wahre Grund, weshalb du fünf Tage die Woche oder sogar mehr zur Arbeit gehst? Geht es da nicht auch ein klitzekleines bisschen ums Geld? Du sagst vielleicht: «Nein, nein, mir geht es viel mehr darum, Erfüllung, Kontakte, Freude usw. zu haben. Geld steht nicht an vorderster Stelle.» Wenn dem wirklich so ist, warum gibst du dann nicht die Hälfte deines Einkommens an eine hilfsbedürftige Familie? Könnte es vielleicht sein, dass du Verpflichtungen eingegangen bist, die du zu erfüllen hast?

Der typische Gruss aus dem Hamsterrad: «Wenn ich einmal viel Geld habe, ja dann kann ich mir alles leisten was ich will», oder: «Wenn ich einmal Zeit habe, ja dann kann ich das Leben geniessen». Das sind deutliche Zeichen von Menschen, die im Hamsterrad fest stecken und fühlen, dass irgendetwas nicht stimmt.

So sieht also das Hamsterrad von innen aus. Wenn du nicht mehr läufst, geht nichts mehr. Wer aus diesem Hamsterrad aussteigen will, braucht ganz einfach neue Perspektiven und Möglichkeiten. Und genau solche Möglichkeiten beleuchten wir in diesem Buch.

Das Motiv zum Ausstieg aus dem Hamsterrad

Ohne persönliches Motiv kannst du die Ausstiegsstelle aus dem Hamsterrad erst gar nicht erkennen, oder es wird dir nicht einmal bewusst, dass du in einem Hamsterrad deine Runden drehst. Vielleicht hat es dich schon ab und zu unverhofft aus dem Hamsterrad geschleudert? Vielleicht hast du schon einmal deine Arbeitsstelle verloren oder musstest dir wegen Überforderung eine Auszeit nehmen? Jedoch, ohne zu wissen, was oder wohin du da draussen willst, werden dich deine Gewohnheiten wie eine magische, unsichtbare Kraft wieder in das Hamsterrad zurückziehen. Denn: Wer nicht weiss, wohin er will, braucht sich nicht wundern, wenn er irgendwo landet.

Nimm dir jetzt das Recht heraus, ganz genau hinzuschauen und dir die entscheidende Frage zu stellen: «Wenn ich die 100%ige Gewissheit hätte, im Leben niemals scheitern zu können, was würde ich dann tun? Wie möchte ich sein und wie möchte ich leben?» Das ist nun wirklich sehr wichtig, denn die stärkste Antriebskraft die es gibt, ist das persönliche Motiv. Und diese Kraft wirst du für den Ausstieg aus dem Hamsterrad auch brauchen.

Also, werde dir jetzt bewusst, was genau du willst. Welche Wünsche und Träume hast du, die verwirklicht werden wollen? Suchst du nach neuen Perspektiven, die dir eine positive Lebensgestaltung, eine befriedigende Einkommenssituation ermöglichen? Vielleicht suchst du aber auch nach Möglichkeiten, eine berufliche Veränderung oder Ergänzung zuzulassen, oder sogar für den Weg in die Selbstständigkeit? Es kann beispielsweise auch sein, dass du erkannt hast, dass es für dich und deine Familie finanziell oder zeitlich nicht mehr so weitergehen kann oder soll.

Vielleicht haben diese Wünsche nicht nur mit dir selbst, sondern mit der Zukunft deiner Kinder oder deinem Lebenspartner zu tun. Durchforste auch all deine Wünsche, die mit materiellen Dingen zu tun haben, wie: Freizeit, Hobbys, Urlaub, Eigenheim, Auto usw. Denke auch an immateriellen Wünsche, wie: neue Menschen kennen lernen, persönliche Weiterentwicklung, neue Herausforderungen annehmen, oder einen tollen gesellschaftlichen Beitrag zu leisten, usw.

Zum guten Glück haben wir das Tabu-Thema Geld schon behandelt, denn Fakt ist: Ganz egal, welches Motiv du hast, es hat immer auch direkt oder indirekt mit dem Thema Geld zu tun.

Eine gute Möglichkeit herauszufinden, was du willst, ist, dich zu fragen: «Was würde ich tun, wenn ich genügend Zeit zur Verfügung hätte?» Oder: «Was würde ich gerne tun, wenn ich es mir leisten könnte?».

In diesem Buch geht es nicht um diejenigen, die den Ausstieg aus dem Hamsterrad geschafft haben, sondern um dich. Zur Erinnerung: Wenn du die 100%ige Gewissheit hättest, dass du im Leben niemals scheitern könntest, was würdest du dann tun? Wie würde dann dein Leben in zwei, fünf oder zehn Jahren aussehen? Welche Lebensqualität würde das für dich bedeuten?

Es ist besonders wichtig, dass du dir bei der Suche nach dem, was du wirklich willst, selbst die Antwort gibst, was für dich wichtig und richtig ist. Frage nicht Menschen, die selbst im Hamsterrad ihre Runden drehen, wie du da heraus kommen kannst, denn sie wissen es nicht. Frage Menschen, die das Hamsterrad verlassen haben. Du fragst ja auch nicht den Metzger, wie man Vegetarier wird - oder?

Chancen zum Ausstieg aus dem Hamsterrad

Du weisst schon: Wenn du im Hamsterrad nicht mehr läufst, geht nichts mehr. Also brauchst du eine Art Energiespeicher, der unabhängig von deinem Lauftempo das Rad gleichmässig antreibt. Und dieser Energiespeicher heisst Passiveinkommen. Ein Einkommen, das rein kommt, auch wenn du weniger oder auch mal gar nichts tust. Ein Einkommen also, das aus einer einmal investierten Zeit ein immer wiederkehrendes Einkommen generiert. So ähnlich wie ein Musiker, der sein Leben lang für jede verkaufte CD, oder jedes Mal, wenn sein Lied in einem Radio ausgestrahlt wird, eine Tantieme erhält.

Die Beatles erhalten auf diese Weise noch heute jährlich einen zweistelligen Millionenbetrag. Dafür gehen sie aber nicht jeden Monat aufs Neue ins Tonstudio und spielen ihre Musik ein. Das ist ein Beispiel für ein klassisches Passiveinkommen, korrekt, legal und fair.

Auch als Erfinder lässt sich ganz gut ein Passiveinkommen erzeugen. Zum Beispiel der Erfinder des Eis am Stiel: Frank Epperson lässt eines Abends im Jahr 1905 als Elfjähriger einen Löffel in einem Glas selbst gemachter Limonade am Fenster stehen. Über Nacht fallen die Temperaturen, die Limo gefriert, und am Morgen hält der Junge den Prototyp für Eis am Stiel in der Hand.

Epperson bleibt beruflich zunächst den Getränken treu und wird Limonadenhändler, aber 1923 erinnert er sich an seine Kindheitserfindung. Er entwickelt sieben Geschmacksrichtungen, lässt sich die Idee schützen und verkauft das Patent 1925 an einen Nahrungsmittelhersteller. Noch im gleichen Jahr beginnt das Eis am Stiel seinen Siegeszug.

Bis 1928 allein werden 60 Millionen Eislutscher verkauft und Epperson durch die Lizenzgebühren ein reicher Mann.

Du wirst dir jetzt vielleicht sagen: «Ich kann so was nicht erreichen, ich kann weder besonders gut musizieren noch habe ich Ideen für tolle Erfindungen!» Doch ein nachhaltiges und stabiles Passiveinkommen ist in der heutigen Zeit nicht mehr einigen wenigen vorbehalten. In diesem Buch erfährst du, wie viele Menschen ein solches auf eine faszinierende Weise erreicht haben und wie auch du dies erreichen kannst.

Wenn du klar weisst, was du willst, wie du leben und sein willst, dann hast du auch ein starkes Motiv, aus dem Hamsterrad auszusteigen. Als nächstes benötigst du eine optimale Lösung für ein Passiveinkommen. Anhand von Beispielen zeigen wir dir, wie real und naheliegend Chancen für ein Passiveinkommen sind. Wir schauen uns dabei auch einen ganz konkreten Fall an.

Viele Menschen verdienen ihren Lebensunterhalt in einem Angestelltenverhältnis. Die Tatsache jedoch, dass die Einkommensmöglichkeiten so nur bedingt erweiterbar sind, lässt viele mit dem Gedanken spielen, den Schritt in die Selbstständigkeit zu wagen. Grund genug, auch hier genauer hinzuschauen.

Der Traum von der Selbstständigkeit

Jeden Tag gibt es Menschen, die sich für den Schritt in die Selbstständigkeit entscheiden. Die Beweggründe, diesen risikoreichen Schritt zu machen, sind bei den meisten ähnlich. Zum Beispiel: sein eigener Chef sein, selber Entscheidungen treffen zu können, selber entscheiden zu können, wie, wo und mit wem sie arbeiten, selber Einfluss auf die Höhe des Einkommens zu haben, direkt am Gewinn beteiligt zu sein, Ruhm und Anerkennung zu erlangen, Freiheit zu leben und fühlen.

Auch wir haben den Schritt in die Selbstständigkeit aus ähnlichen Beweggründen gewagt und das vor vielen Jahren. Doch, warum geben rund 80% diesen Traum schon in den ersten Jahren wieder auf? Ob im Handwerk, Einzelhandel, im Dienstleistungsbereich - die Beweggründe, diesen Traum wieder aufzugeben, sind ebenfalls ähnlich bis gleich. Zum Beispiel: Die hohen Anfangsinvestitionen und Fixkosten, die Verbindlichkeiten und Zinszahlungen, die zunehmenden gesetzlichen Auflagen, die Abhängigkeit von Auftraggebern, die Personalprobleme, der Kampf um die Wettbewerbsfähigkeit, die hohen Werbekosten, die hohen Belastungen durch Warenlager, usw.

Selbstständigerwerbende wissen, wovon wir reden. Oft handelt es sich einfach nur um eine etwas elegantere Art des Hamsterrads, in dem auch wieder nur Zeit gegen Geld getauscht wird, einfach im grösseren Stil. Aus «selbstständig» wird dann schnell einmal «ständig selbst».

Aber am Traum der Selbstständigkeit muss doch etwas mehr dran sein, sonst würden nicht so viele davon träumen und einige ein solches Risiko auf sich nehmen. Ja, klar. Die Selbstständigkeit ist ein natürliches und in jedem Menschen innewohnendes Bedürfnis. Vor der Industrialisierung waren ausser den Sklaven alle selbstständig, dafür aber verstärkt in Familien und Sippschaften verbunden.

Stelle dir einmal vor, du hättest die Gelegenheit, die Vorteile einer selbstständigen Erwerbstätigkeit geniessen zu können, ohne die Risiken tragen zu müssen, und trotzdem noch von den Sicherheiten, die ein Angestelltenverhältnis bietet, zu profitieren. Würdest du diese Gelegenheit auch gut prüfen?

Auf der Reise hin zu neuen Perspektiven brauchst du viel Offenheit und die Bereitschaft, neue Gedankengänge zuzulassen. Um die Möglichkeiten auch sehen zu können, ist es wichtig den Rahmen des bisherigen Denkens auszuweiten. Neues braucht Platz, damit es auch erkannt werden kann und nicht gleich von fixen Vorstellungen ausradiert wird. Nur so kannst du echte, neue und starke Perspektiven für dich erkennen.

Wo aber machen sich Fenster für den Ausstieg aus dem Hamsterrad am häufigsten auf? Logischerweise in einem Bereich, mit dem alle Menschen tagtäglich in Berührung kommen. Einen solchen Bereich findet man in der Bewegung von Waren. Ganz gleich ob in der Erfindung, Herstellung, Verkauf, Logistik, Service, ja sogar die Dienstleister steuern mit ihren Diensten direkt oder indirekt zur Bewegung von Waren bei.

Und deshalb schenken wir diesem Bereich ganz besondere Aufmerksamkeit und schauen uns zunächst einmal an, wie Waren üblicherweise bewegt werden.

Wie werden Waren bewegt?

Alle Menschen kommen also tagtäglich direkt oder indirekt mit der Warenbewegung in Berührung. Wer die besten Möglichkeiten innerhalb der Warenbewegungskette für sich erkennen und nutzen will, der muss die unterschiedlichen Vertriebsformen kennen. Deshalb verschaffen wir uns erst einmal einen Überblick über die verschiedenen Vertriebswege, also wie Waren vom Hersteller zum Kunden gelangen.

Der Einzelhandel

Zunächst wird eine Ware produziert. Der Hersteller verkauft die Ware an den Grosshändler, dieser beliefert den Einzelhändler und so gelangt die Ware zum Kunden. Dabei bezahlt der Kunde immer 100%. Der Hersteller hat auf seinem Produkt eine Marge von ca. 15 bis 30%. Rund 70% bleiben in diesem klassischen System auf dem Vertriebsweg «hängen», denn der Grosshandel sowie der Detailhandel haben ja auch Aufwand für Transport, Lagerhaltung, Personalkosten und Werbung, den sie decken müssen. Und sie wollen und müssen selbstverständlich auch noch verdienen.

In den Einzelhandel einzusteigen bedeutet immer auch, hohe Fixkosten tragen zu müssen, die durch Miete von Geschäfts-räumlichkeiten, Lohnverpflichtungen, Vorfinanzierung von Warenlager, Versicherungsprämien und Verwaltungsaufwand verursacht werden, um nur einige wenige zu nennen. Es besteht ausserdem eine Abhängigkeit gegenüber den Lieferanten. Das Aushandeln von Einkaufspreisen, Lieferbedingungen, Verträgen und Abnahmeverpflichtungen verlangt viel Verhandlungsgeschick.

Eine Chance für den Ausstieg aus dem Hamsterrad bietet diese Warenbewegungskette nur schlecht. Es sei denn, du hast bereits genügend Eigenmittel, mit denen du dir Aktien oder Beteiligungen von erfolgreichen Firmen dieser Art kaufen kannst.

Der Direktvertrieb

In diesem System verkauft der Hersteller seine Ware an selbstständige Berater. Diese verkaufen sie weiter an Kunden. Dafür erhält der Berater denn auch eine stattliche Marge von ca. 40% des Verkaufspreises. Der Grossteil des Geldes kommt in diesem Fall dem Berater zugute. Dafür hat er auch seinen Aufwand wie die Vorfinanzierung der Produkte, Lagerhaltung, Kundenakquisition, Spesen für Reisen, Produktschulungen, um einige wenige zu nennen. Erfolgreich sind hier nur Profiverkäufer, denen das Verkaufen im Blut liegt. Diese können auch wirklich Wohlstand damit erlangen. Ein Passiveinkommen kannst du mit diesem Vertriebsmodell jedoch nicht erreichen. Denn wenn du einmal nichts verkaufst, kommt auch nichts mehr rein.

Der MLM- oder Network-Vertrieb

Das Multi-Level-Marketing oder der Network-Vertrieb kommt dir wahrscheinlich auch bekannt vor. Dabei handelt es sich um eine Vertriebsform, bei der ein Unternehmen seine Produkte über selbstständige Vertriebspartner als Zwischenhändler an die Endkunden verkauft. Die Kunden können gleichzeitig auch als selbstständige Berater tätig sein und die Produkte weiterverkaufen. Beim MLM- oder Network-Vertrieb handelt es sich nicht um einen reinen Direktvertrieb.

Das Hauptmerkmal bei dieser Vertriebsform ist der strukturierte vertikale Aufbau des Vertriebssystems. Es gleicht einem weit verzweigten, auf den Kopf gestellten Baum. Dieses verzweigte Vertriebssystem mit selbstständigen Vertriebspartnern ist darauf ausgelegt, den Verkauf im persönlichen Umfeld des Vertriebspartners abzuwickeln. Während beim Direktvertrieb firmeneigene und spezialisierte Aussendienstmitarbeiter eingesetzt werden, findet beim MLM- oder Network-Vertrieb der Verkauf über das Vertriebssystem durch selbstständige Wiederverkäufer, Berater oder Vertriebspartner statt.

Der Vorteil gegenüber dem Direktvertrieb liegt darin, dass sich die Vertriebspartner mit diesem System ein Beteiligungsvolumen der von ihren gesponserten Vertriebspartner aufbauen können. Um an dieses Beteiligungsvolumen zu gelangen, muss aktiv ein Verkauf stattfinden. Ein reines Passiveinkommen kannst du damit nicht erreichen, denn wenn du einmal nicht genügend oder nichts verkaufst, erhältst du auch keine Beteiligung.

Das Smart-Konzept

Wenn neben dem Gross- und Einzelhandel auch die Zwischenstelle eines Beraters oder Vertriebspartners wegfällt, dann sind wir beim Smart-Konzept angelangt.

Wir nennen es das Smart-Konzept, weil es ganz einfach «schlau» ist. Es handelt sich dabei um den direkten Weg, Waren vom Hersteller zum Kunden zu bewegen. Der Hauptunterschied von diesem Konzept zu den zuvor genannten Vertriebsformen ist, dass der Hersteller die Produkte direkt an den Endverbraucher liefert. Das «Smarte» daran ist, dass das auf dem Vertriebsweg eingesparte Geld an diejenigen Kunden vergütet wird, die begeistert sind und die Produkte weiterempfehlen.

Genau genommen basiert dieses Konzept auf der natürlichsten Sache der Welt. Denn: Menschen sagen das, wovon sie begeistert sind, ganz einfach anderen Menschen weiter. Und das ganz ohne Vertrag, ohne professionelles Produktwissen, ohne Investition, ohne Massenveranstaltungen, ohne Interessenten an ein Meeting zu schleppen und vor allem, ohne auch nur ein einziges Produkt je einmal verkaufen zu müssen.

Beim Smart-Konzept, geht es in erster Linie um Beziehungen. Der Verdienst ist das, was nach dem Dienst an anderen Menschen erfolgt. Das Faszinierende ist, dass es auf einem starken sozialen Grundgedanken aufgebaut ist und für viele Menschen eine echte Chance bietet, aus dem Hamsterrad auszusteigen. Dieses Konzept ist unser ganz persönlicher Favorit, weil wir Menschen die wichtigste Voraussetzung, die es dafür braucht, bereits in uns tragen. Wir empfehlen uns ständig gegenseitig Dinge, die uns gefallen.

Die wichtigste Voraussetzung, dass dieses Konzept der Warenbewegung überhaupt funktioniert, ist, dass die Produkte erstklassig und unverwechselbar sind. Wenn das nicht so wäre, würden die Produkte nicht weiterempfohlen. Mit dem Smart-Konzept wirst du für die natürlichste Sache der Welt fair und ausgewogen mit dem belohnt, was bei den herkömmlichen Vertriebssystemen üblicherweise für den Gross- und Einzelhandel, Berater oder Vertriebspartner ausgegeben wird.

Bei dieser Art der Warenbewegung bedienen sich ausschliesslich Kunden direkt beim Hersteller, und alle bezahlen denselben Preis. Das ist sehr wichtig und auch fair. Zugang zu den Produkten erhält man nur durch Empfehlungen. Es gibt keinerlei Händlermargen und daher auch keinen Weiterverkauf der Produkte.

Es gibt also bei diesem Konzept keine Berater oder Vertriebspartner, die jemanden überzeugen müssen. Jeder kann sich selber und ganz ohne Druck von der Qualität der Produkte und des Konzepts überzeugen. Einfach das auswählen zu können was einem gefällt, empfinden wir persönlich als sehr angenehm. Sehr gute Hersteller, die ihre Produkte mit dem Smart-Konzept zu ihren Kunden bringen, bieten sogar ein 30-Tage-Rückgaberecht. Da muss sich der Hersteller aber ganz sicher sein, dass seine Produkte die allerhöchsten Qualitätsansprüche der Kunden erfüllen können.

Vergleicht man nun die unterschiedlichen Vertriebsformen, so kann man leicht erkennen, dass das Smart-Konzept sehr gute Möglichkeiten für eine Beteiligung bietet, und das ohne finanziell in Vorleistung zu gehen oder selber Produkte verkaufen zu müssen. Uns gefällt an diesem System ausserdem auch ganz besonders, dass sich nicht nur diejenigen beteiligen können, die es sich leisten können, grosse Geldsummen zu investieren oder gute Verkäufer sind. Aber am besten schauen wir uns im nächsten Kapitel gemeinsam an, wie dadurch ein stabiles und nachhaltiges Passiveinkommen erzielt werden kann.

So entsteht ein Passiveinkommen

Das Erschaffen eines nachhaltigen Passiveinkommens gleicht im Wesentlichen dem Bau einer Wasserleitung. Anstatt jeden Tag aufs Neue mit dem Eimer den Berg hinauf zu gehen um Wasser von der Quelle für deinen täglichen Gebrauch ins Tal zu tragen, baust du dir eine Leitung. In den Anfängen bringt dir die Arbeit nicht sofort einen direkten Nutzen. Das ändert sich aber schlagartig, sobald die Leitung gebaut ist und du das erste Mal in deinem Haus den Wasserhahn aufdrehst und das Wasser einfach fliesst. Das befreit dich von einem grossen Stück täglicher Arbeit. Wie du allerdings aus dem Beispiel entnehmen kannst, ist mit einem Passiveinkommen keineswegs gemeint, dass du mit Nichtstun ein Einkommen erzielst. Am Anfang braucht es auch hier eine gehörige Portion Engagement. Damit erschliesst du dir eine neue Einkommensquelle für deine Zukunft.

Das Herzstück eines erfüllten Lebens sind intakte Beziehungen. Dabei kommt es nicht darauf an, ob es sich um die eigene Familie, Freunde, Kollegen, Vereine, Gemeinde, soziales Engagement oder geschäftliche Dinge handelt, überall spielen gute Beziehungen eine entscheidende Rolle. Natürlich entstehen gute Beziehungen nicht einfach so von selbst. Du ermöglichst sie durch die Eckpfeiler Offenheit, Engagement, Freundlichkeit, Ehrlichkeit, Glaubwürdigkeit und gegenseitige Achtung. Mit dem Smart-Konzept baust du genau auf diesen Grundwerten dein persönliches Netzwerk an Beziehungen auf. Nur schon das bereichert dein Leben nachhaltig und lässt dich im Umgang mit anderen in deiner Persönlichkeit wachsen und zu der Person werden, mit der andere gerne zusammen sind. So gesehen erzielst du schon alleine dadurch einen schönen persönlichen Gewinn.

Gerne lassen wir dich daran teilhaben, wie bei uns ein solches Passiveinkommen entstanden ist. Der Auslöser dafür liegt einige Jahre zurück. Eine junge sympathische Frau hat uns darauf aufmerksam gemacht, wie wir hochwertige Produkte für unseren täglichen Bedarf direkt beim Hersteller beziehen können. Das fanden wir sehr clever. Dazu haben wir ganz einfach eine Bestellung, ähnlich wie bei einem Versandhaus, aufgegeben und einige Tage später erhielten wir die Ware bequem nach Hause geliefert. Wir erinnern uns noch gut daran, wie die junge Frau uns auch auf das Konzept aufmerksam gemacht hat. Dem standen wir aber eher kritisch gegenüber und ausserdem hatten wir weder Zeit noch Lust an einer weiteren Geschäftsmöglichkeit, denn wir haben ja selber ein tolles Geschäft mit einer erfüllenden Tätigkeit. Dafür stieg das Interesse an den Produkten, denn schnell einmal stellten wir fest, dass der Preis und die Qualität der Produkte sehr gut waren. Heute wissen wir natürlich auch warum. Der Hersteller bedient sich nämlich mit dem Smart-Konzept an einem kostengünstigen Vertriebssystem, das hält die Preise tief, und bei den Produkten kann er auf eine lange Tradition und ein grosses Know-How zurückgreifen, das eine optimale Produktqualität garantiert.

Die Qualität der Produkte und der Dienstleistung gefielen uns sehr gut und so bezogen wir die Produkte regelmässig bei diesem Hersteller. Und dann taten wir das, was wir in so einem Fall schon immer getan habe, wir haben mit Freunden und Bekannten darüber gesprochen. Zu diesem Zeitpunkt war uns noch nicht bewusst, dass wir dadurch den Grundstein für unser heutiges Passiveinkommen gelegt habe. Der Hersteller bedankte sich nämlich im darauffolgenden Monat mit einem kleinen Empfehlungs-bonus bei uns, denn einer unserer Freunde hat ebenfalls wie wir, Produkte für seinen eigenen Bedarf bei diesem Hersteller bezogen.

Zunächst war uns nicht klar, dass es sich um einen Empfehlungs-bonus handelte, wir dachten erst, das sei eine Rückerstattung, weil wir aus Versehen zu viel bezahlt hätten. Als dann aber in den Folgemonaten immer wieder ein Empfehlungsbonus bei uns eintraf, haben wir beim Hersteller nachgefragt. Der erklärte uns, dass in der Zwischenzeit zwei weitere Empfehlungen bei ihnen eingegangen seien. Die Schwester und ein Kollege von unserem Freund, dem wir davon erzählt hatten, bezogen nun ebenfalls Produkte für ihren eigenen Bedarf bei diesem Herstel-ler. Genau genommen haben wir ja nur das getan, was wir alle ständig tun: sich gegenseitig Dinge empfehlen, mit denen wir gute Erfahrungen gemacht haben und von denen wir begeistert sind.

Daraufhin haben wir das Konzept eingehend unter die Lupe genommen. Wir hatten viele Fragen, die uns der Hersteller und unsere Empfehlungsgeberin geduldig beantworteten. Noch am gleichen Tag haben wir uns dazu entschlossen, aktiv mit dem Smart-Konzept für unsere gemeinsame Zukunft ein Passiveinkommen aufzubauen, das uns schrittweise den Ausstieg aus dem Hamsterrad ermöglicht.

Als Selbstständigerwerbende sind wir ja bekanntlich selber dafür verantwortlich, dass wir auch für unsere Ferien in Vorleistung gehen müssen. So haben wir unser erstes Ziel darauf ausgerich-tet, unsere Ferien finanzieren zu können. Gesagt getan. Schon im ersten Jahr mussten wir für unsere Ferien und den dadurch anfallende Erwerbsausfall nicht im Hamsterrad unsere Runden drehen. Unser nächstes Ziel bestand nun darin, unsere Wohn-kosten nicht mehr im Hamsterrad abzuspulen, sondern eben mit dem Passiveinkommen zu erreichen. Gesagt getan. Mit dem Errei-chen unseres dritten Ziels haben wir uns unser Eigenheim gekauft. Wir müssen wohl nicht speziell erwähnen, dass die laufenden

Kosten wie: Hypothekarzinsen, Amortisation, Nebenkosten, Unterhalt und Ähnliches, natürlich weiterhin durch das Passiveinkommen abgedeckt sind.

Die Gewissheit zu haben, für einen Grossteil des Lebensunterhaltes nicht mehr im Hamsterrad unsere kostbare Zeit abzustrampeln bringt wirklich eine sehr grosse Verbesserung der Lebensqualität mit sich. Das heisst jetzt aber nicht, dass wir weniger oder sogar nichts mehr Arbeiten. Ganz im Gegenteil, unsere Arbeit macht uns so noch mehr Spass, denn es ist einfach ein Tick schöner, wenn die grössten finanziellen Verbindlichkeiten mit einem Passiveinkommen abgedeckt sind, ohne dabei immer wieder aufs Neue Zeit gegen Geld tauschen zu müssen.

Im folgenden Beispiel zeigen wir dir nun, wie solche Empfehlungsketten entstehen können. Zum besseren Verständnis solcher Empfehlungsketten verwenden wir nun Namen mit Anfangsbuchstaben in der Reihenfolge des Alphabets. A steht also für eine Direktempfehlung von dir, B für die daraus entstandene Empfehlung usw. Zum einfachen Rechnen verwenden wir runde Zahlen.

Nehmen wir einfach mal an, du hättest bereits selber positive Erfahrungen mit einem besonderen Produkt machen können und erzählst nun beispielsweise Andrea, einer Freundin von dir, davon. Genau wie du bestellt Andrea Produkte ihrer Wahl direkt beim Hersteller. Dabei gibt sie deine Kundennummer als Referenz an, damit der Hersteller erkennen kann, von wem die Empfehlung stammt.

Wie du, macht nun auch Andrea wunderbare Erfahrungen mit den Produkten und ganz begeistert macht auch sie das Natürlichste der Welt und empfiehlt die Produkte und das Konzept ihrem Bruder Bruno. Und auch er gibt seine Bestellung direkt beim Hersteller auf.

Bruno erzählt ganz begeistert seiner Arbeitskollegin Claudia davon und sie wiederum ihrem Fitness-Trainer Daniel. Daniel bestellt nun auch wie alle anderen seine Produkte direkt beim Hersteller.

Anhand dieser Empfehlungskette zeigen wir dir nun, wie der Hersteller im Smart-Konzept die Empfehlungen belohnt. Dabei werden die 40%, die im vorherig beschriebenen Direktvertrieb komplett an den Berater für seine Beratungstätigkeit gehen würden, beim Smart-Konzept auf mehrere Personen verteilt.

Es wurde also von dir eine Empfehlungskette ausgelöst, für die dich der Hersteller mit einem Bonus belohnt. Und das solange, wie diese vier Menschen ihre Produkte bestellen und konsumieren. Die Abwicklung von Bestellung, Lieferung und Bezahlung erledigt dabei der Hersteller selbst.

Claudia erhält nun vom Hersteller 10%, Bruno erhält 10%, Andrea erhält 10% und auch du erhältst 10% aus Daniels Bestellung, denn du hast ja die ganze Empfehlungskette in Gang gesetzt. Natürlich können noch viele weitere Ebenen entstehen, bei denen dann ein zusätzlicher Tiefenbonus ausgelöst wird. Die Höhe des Einkommens kannst du direkt beeinflussen, indem du einfach so viele Empfehlungs-ketten auslöst, bis du dein Wunscheinkommen erreicht hast.

Ob du einfach die Haushaltskasse mit 200 € bis 500 € im Monat aufbessern willst oder grössere Ambitionen hast, du kannst das Ergebnis selber so steuern, dass es für dich stimmt. Das Smart-Konzept fördert das Miteinander, denn am erfolgreichsten werden diejenigen, die andere zum Erfolg führen. Danach suchen wir in unserem üblichen Geschäftsalltag oft vergeblich.

Der Ausstieg aus dem Hamsterrad

Das Geheimnis, wie herausragende Künstler oder Erfinder ein Leben lang für ihre geniale Kunst oder Erfindung belohnt werden, ist: Sie duplizieren ihre Arbeit. Die Duplikation der Arbeit ist eine ideale Ausstiegsstelle, um aus dem Hamsterrad auszusteigen.

Was heisst das jetzt für dich? Wie kannst du deine Arbeit mit dem Smart-Konzept wie ein Künstler oder ein Erfinder duplizieren und wie sie ein Passiveinkommen erzielen?

Ganz einfach: Stifte möglichst vielen Menschen einen möglichst grossen Nutzen. Wenn du zum einen dem Hersteller ermöglichst, ohne Kosten für Gross- und Einzelhandel, Berater, Werbung etc. auszukommen und zum anderen Menschen an hochwertige Produkte heranführst, stiftest du auf beiden Seiten einen grossen Nutzen. Und überall da, wo ein Nutzen entsteht, kommt Dankbarkeit auf. Genau diese Dankbarkeit fliesst von der Seite des Herstellers in Form einer Vergütung zu dir. Und von der Seite der Menschen, denen du die Möglichkeit gezeigt hast, wie sie an hochwertige Produkte kommen, erntest du Dankbarkeit. Und schon beginnt sich deine Arbeit zu vervielfachen oder eben zu duplizieren, denn das wollen andere Menschen auch.

Anhand des nächsten Beispiels kannst du erkennen, dass sich die Duplikation nicht auf die Produkte bezieht, denn du produzierst und verkaufst ja nichts, sondern auf die Empfehlung. Du sprichst einfach von den Sachen, mit denen du gute Erfahrungen gemacht hast und von denen du begeistert bist. Du ermöglichst damit auch anderen Menschen, an hochwertige Produkte zu gelangen, sie zu refinanzieren und ein stabiles Einkommen zu erlangen.

Wie sieht es nun aus, wenn du nicht nur eine Empfehlungskette auslöst, sondern zwei und diese zwei Menschen tun dasselbe wie du?

Bei zwei Andreas, also zwei direkten Empfehlungen von dir, die wieder jeweils an zwei Brunos weiterempfehlen, diese je an zwei Claudias, und diese jeweils an zwei Daniels, hat der Hersteller nun insgesamt 30 Kunden durch deine Empfehlungen erhalten - also bereits 26 mehr als beim ersten Beispiel mit nur einer Empfehlungskette.

Wir spielen dieses Beispiel nun mit einer Andrea mehr durch, rechnen also mit drei und dies dupliziert sich bis zu den Daniels. Das sieht dann so aus: 3 Andreas empfehlen je 3 Brunos = 9 Brunos. 9 Brunos empfehlen je 3 Claudias = 27 Claudias. 27 Claudias empfehlen je 3 Daniels = 81 Daniels. Total sind das bereits 120 Personen.

Das sind genau 90 Kunden mehr, obwohl du selbst nur an eine Andrea mehr eine Weiterempfehlung gemacht hast. Und immer noch beruht das Ganze auf der natürlichsten Sache der Welt, nämlich auf dem, was wir ständig tun, mit anderen Menschen darüber sprechen, wovon wir begeistert sind. Wer also noch Träume hat und sich diese endlich erfüllen möchte, sollte vielleicht das Gleiche mit fünf Weiterempfehlungen machen.

5 Andreas empfehlen je 5 Brunos = 25 Brunos. 25 Brunos empfehlen je 5 Claudias = 125 Claudias. 125 Claudias empfehlen je 5 Daniels = 625 Daniels. Total sind das bereits 780 Personen in deinen Empfehlungsketten.

Wie oft hast du schon etwas an fünf Menschen oder mehr weiterempfohlen und dabei Ähnliches ausgelöst, wie in diesem Fall, ohne davon überhaupt zu erfahren?

Obwohl du nur an fünf Menschen eine persönliche Empfehlung ausgesprochen hast, können bei einer 5er Duplikation bereits 780 Personen in deinen Empfehlungsketten sein, die selbstständig und direkt beim Hersteller ihren Eigenkonsum abdecken.

Nehmen wir mal an, aus den Empfehlungsketten, die du ausgelöst hast, bestellen nun 780 Kunden selbstständig für durchschnittlich 100 Euro Produkte, die sie ohnehin irgendwo kaufen würden. Das ergibt eine Umsatzsumme von 78'000 Euro. Was glaubst du, würde sich der Hersteller gerne bei dir für diesen Mehrumsatz bedanken? Ja natürlich - und genau das tut er nun. Bleiben wir beim Beispiel und rechnen einfach mal mit 10% Umsatzbeteiligung. Dann ergibt das einen Betrag von 7'800 Euro, und das jeden Monat, solange wie die Kunden ihre Produkte bestellen.

Wie kannst du nun dieses Geschäft, ähnlich wie im vorherigen Beispiel, zum Wachsen bringen? Eben durch die Kraft der Duplikation. Nehmen wir an, du zeigst fünf Menschen den Zugang zu den Produkten und die Chance zum Geschäftsaufbau. Warum sollten diese fünf Menschen dies nicht auch können? Einige von ihnen werden einfach zufriedene Kunden, die ab und zu eine Empfehlung aussprechen. Ambitioniertere werden es dir gleich tun und schon setzt die Kraft der Duplikation ein. So einfach, so natürlich und so smart.

Mit einfach und smart meinen wir keineswegs, dass du mit Nichtstun gute Beziehungen und ein Passiveinkommen erreichen wirst. Das natürlichste und schlauste Konzept wird von sich aus niemanden über Nacht aus dem Hamsterrad befreien. Da gehört auch ein entsprechendes Engagement dazu - das ist klar.

Wir glauben, dass viel mehr Menschen das Hamsterrad ganz oder zumindest teilweise verlassen könnten, wenn sie genau wüssten wie sie es machen sollen. Dazu erst einmal zwei Vorgehensweisen, die sich überhaupt nicht eignen: Durch Nichtstun und durch Druck.

Nichtstun. Leider geistert immer noch in vielen Köpfen die Meinung herum, mit Nichtstun auf die Sonnenseite des Lebens zu gelangen. Ein Indiz dafür ist, dass viele Menschen Zahlenlotto spielen. Jede Woche hoffen sie auf den Geldsegen, der sie über Nacht reich machen soll. Einige nehmen das Nichtstun sogar wortwörtlich und füllen nicht einmal einen Lottoschein aus. Andere wiederum versuchen, mit einem schnell-reich-werden-System reich zu werden und wundern sich, wenn sie damit scheitern.

Druck. Mit Überzeugungskraft und immer besser ausgeklügelten Verkaufsstrategien werden Waren an Kunden vertrieben. Diese Methode ist am weitesten verbreitet und nicht selten werden anstelle der Waren die Kunden vertrieben. Also müssen noch besser ausgebildete Verkaufsprofis ans Werk und mit einer noch cleveren Marketingstrategie neue Kunden gefunden werden.

Diese beiden Vorgehensweisen sind nicht wirklich geeignet, das Hamsterrad je einmal von aussen sehen zu können. Viel besser eignen sich dazu Anziehungskraft und gute Beziehungen. Aber dazu benötigt man Geduld und ein ehrliches Interesse am Wohlergehen anderer Menschen. Das ist der beste Nährboden für gute Beziehungen und wer gute Beziehungen hat, strahlt immer auch eine starke Anziehungskraft aus.

Erinnerst du dich? Das Herzstück eines erfüllten Lebens sind intakte Beziehungen. Und genau darauf baust du dir mit dem Smart-Konzept eine solide Basis für eine faszinierende Zukunft.

Kann ich das auch?

An dieser Stelle fragen sich die meisten Menschen: Kann ich das auch? Natürlich kannst du, wenn du gerne möchtest. Und wenn du nicht möchtest ist das auch völlig in Ordnung. Beim Smart-Konzept wird dich niemand drängen oder überzeugen. Da überzeugt sich jeder selber und wer mag, erzählt es weiter. So einfach ist das. Nur: Die Chance muss sich schon jeder selber geben, und das geht halt nur mit einer Eigenerfahrung. Das ist ohnehin die solideste Entscheidungsgrundlage. Hätten wir uns damals nicht auf eine Neuerfahrung eingelassen, so würden wir heute das Smart-Konzept auch nicht kennen. Natürlich hätten wir auch nicht mit anderen Menschen darüber gesprochen, es wären keine Empfehlungsketten entstanden und das Passiveinkommen wäre auch nicht Realität geworden. Ebenso wenig wüssten wir, wie erleichternd ein Passiveinkommen sein kann. Zum Glück haben wir uns damals nicht von Unsicherheiten und Vorurteilen davon abhalten lassen, und schon gar nicht von vorgefassten Meinungen anderer.

Es liegt in der Natur des Menschen, sich laufend über persönliche Erfahrungen zu unterhalten. Jeden Tag, bei jeder sich bietenden Gelegenheit und überall. Wie oft schon hast du einen Kinofilm weiterempfohlen und dabei von den tollen Szenen, die im Film vorkommen, anderen Menschen erzählt? Dazu brauchst du niemanden, der dich motiviert oder dir Verkaufstechniken beibringt. Die wichtigste Voraussetzung ist jedoch, dass du den Film selbst gesehen hast. Wenn du von einem Film begeistert bist, erzählst du einfach gerne von deiner Erfahrung. Wenn nun jemand gefallen daran findet, sieht er sich den Film auch an. Wenn auch er begeistert ist, tut er dasselbe wie du und erzählt es wiederum anderen usw. Du siehst, es ist wirklich die natürlichste Sache der Welt.

Der Grundstein dafür ist eine persönliche Erfahrung mit den Produkten und dem Konzept. Alles andere ist eine Folge daraus. Wenn du erst einmal eine Erfahrung mit einem der Produkte gemacht hast, und einen persönlichen Nutzen für dich erzielst, wirst du begeistert sein. Das nehmen die Menschen in deinem Umfeld wahr. Du sprichst davon und wer will, kann sich die Produkte selbst beim Hersteller bestellen.

Das Smart-Konzept ist aber nicht nur für Menschen, die du kennst. Es eignet sich wunderbar, um in spontanen Begegnungen diese fantastische Möglichkeit zu empfehlen. Wie oft begegnen wir jemandem und beginnen uns einfach so zu unterhalten. In solchen Gesprächen kommt fast immer die Frage: «Ja, was machst du denn beruflich?» Wir sagen dann immer wie es ist: «Hauptberuflich sind wir Ausbildungsleiter, aber seit einiger Zeit sind wir daran, Menschen zu zeigen, wie sie aus dem Hamsterrad herauskommen.» Wer mehr darüber wissen will, dem geben wir einfach dieses kleine Buch zum lesen. Und wer will, dem zeigen wir dann die nächsten Schritte, die aus dem Hamsterrad herausführen.

Wir konnten uns zu Beginn gar nicht vorstellen, wie viele Menschen sich eine solche Chance sehnlichst wünschen. Der Bedarf nach körperlichem, finanziellem und sozialem Wohlbefinden ist wirklich sehr gross. Du kannst sogar davon ausgehen, dass fast alle Personen, mit denen du dich unterhältst, ein Bedürfnis in einem dieser Lebensbereiche haben.

Ganz speziell im Bereich des körperlichen Wohlbefindens übernehmen gut informierte Menschen immer mehr auch Eigenverantwortung. Gesundheit ist weit mehr als nur das Fernbleiben von Krankheiten. Das Wissen um eine aktive Gesundheitsvorsorge verbreitet sich derzeit sehr stark und es wird sich in den nächsten Jahren noch vermehrt in das Bewusstsein der Menschen einprägen.

Ein wichtiger Vorbote dieses Bewusstseins kennst du bestimmt auch: «Vorbeugen ist besser als heilen».

Menschen, die bereits heute ein hohes Mass an Eigenverantwortung übernehmen, wissen um die Wichtigkeit von qualitativ hochwertigen Produkten für das körperliche Wohlbefinden. Sollten diese Menschen nicht auch von deiner Bezugsquelle wissen? Du kannst sicher sein, dass fast alle Menschen, denen du begegnest, nach Produkten für einen gesunden Körper, schöne Haut, kräftige Haare und schonende Produkte für den Haushalt suchen. Einige von ihnen werden ihr Bedürfnis nach körperlichem Wohlbefinden auch wie du vom gleichen Hersteller abdecken wollen. Und weil der Hersteller, für diesen Neukunden keine Werbekosten hat und seine Produkte nicht über den teuren Vertriebsweg zum Kunde bringen muss, fliesst seine Dankbarkeit auch in Form eines Vergütungsbonus zu dir.

Ganz tief in jedem Menschen schlummert der Wunsch nach finanzieller Freiheit. Nur, im Hamsterrad, in dem man lediglich seine Lebenszeit gegen Geld tauscht, kann eine solche finanzielle Freiheit nicht wirklich erreicht werden. Wer aus dem Hamsterrad aussteigen will, brauch schlicht und einfach ein Passiveinkommen. Das ist so sicher wie das Amen in der Kirche. Schau dich ruhig mal um. Menschen, die nicht im Hamsterrad ihre kostbare Zeit gegen Geld tauschen, können ihre Zeit selbst frei einteilen, weil sie nicht dem Geld nachrennen müssen. Sie haben alle auch ein starkes Netzwerk an Beziehungen. Alle anderen suchen in einem dieser Netzwerke einen Job, in dem sie ihr kostbarstes Gut, ihre Zeit, gegen Geld tauschen. Das Smart-Konzept bietet jedem Menschen die Chance, sich ein starkes Beziehungsnetzwerk aufzubauen und schrittweise aus dem Hamsterrad und in die finanzielle Freiheit zu gelangen. Von welchen finanziellen Verbindlichkeiten könntest du dich befreien, wenn du monatlich 200 € bis 500 € mehr zur Verfügung hättest?

Davon bist du in diesem Moment nur wenige Monate entfernt. In zwei bis fünf Jahren kannst du bereits ein Passiveinkommen erzeugen, das dich von vielen finanziellen Verpflichtungen befreit. Stell dir dabei ruhig mal vor, wie es wäre, wenn du nebst dem bisherigen Einkommen, zusätzlich ein Passiveinkommen erzielen würdest, das deinen Lebensunterhalt bereits abdeckt. Würdest du nicht etwas lockerer zur Arbeit gehen? Könntest du dir nicht damit etwas davon leisten, was du dir schon lange wünschst? Hätten die Negativnachrichten über die Wirtschaftskrise nicht eine wesentlich kleinere Bedeutung für dich?

Siehst du, ein nachhaltiges Passiveinkommen kann einen richtig grossen positiven Effekt für dein Wohlbefinden auslösen. Es kann dein Leben vollkommen verändern und dich vielleicht zum ersten Mal richtig erkennen lassen, dass Zeit das kostbarste Luxusgut überhaupt ist.

Ob nun für dich im Moment das körperliche, finanzielle oder soziale Wohlbefinden am wichtigsten ist, spielt keine Rolle. Sei dir einfach bewusst, dass alle drei Bereiche eine gegenseitige Wirkung aufeinander ausüben. Du kannst also nur gewinnen, denn aus jedem einzelnen Bereich erzielst du für dich einen grossen Mehrwert und förderst dadurch dein körperliches, finanzielles und soziales Wohlbefinden.

Das Auswahlverfahren

Welches Unternehmen passt denn nun am besten zu dir? Wenn du dich vom Smart-Konzept in irgend einer Form angesprochen fühlst, ist es jetzt angebracht, dass du dir das passende Unternehmen aussuchst. Zunächst einmal ist es wichtig, wie du das Smart-Konzept von einem herkömmlichen Vertriebssystem unterscheiden kannst. Die wichtigsten Merkmale beim Smart-Konzept sind:

- Keine Einkaufs-/Verkaufspreise, keine Handelsspanne oder Marge. Alle zahlen den gleichen Preis.
- Es findet kein Verkauf von Produkten durch die Partner statt.
- Keine Aktivität in Bezug auf Bestellung, Auslieferung und Bezahlung der Produkte.
- Zugang zu den Produkten hat man nur durch Empfehlungen.
- Kein Vertragsabschluss. Es gibt nur ein Bestellformular.
- Keine Einstiegsgebühren für Kunden oder Partner.
- Keine Starterpakete.
- Kein Druck, an Freunde und Bekannte verkaufen zu müssen.
- Die ersten vier Empfehlungsebenen sind vom Differenzbonus befreit. Das stellt sicher, dass du ein regelmässiges und stabiles Einkommen erhältst.

Und dann solltest du dich bei der Wahl der Firma ganz besonders auf folgende Punkte achten:

- Handelt es sich um zukunftsorientierte Produkte, die hohen Nutzen stiften?
- Ist es ein stabiler Markt oder handelt es sich lediglich um einen Modemarkt, der bei der nächsten Welle wieder verschwindet?
- Produziert die Firma die Produkte selber? Beim Smart-Konzept ist das eine Grundvoraussetzung.
- Wie lange ist die Firma am Markt? Je länger, desto besser.
- Viele neue Firmen kommen auf den Markt, locken mit schnellem

Wachstum und damit, dass du zu den ersten gehören kannst. Wenn du so etwas hörst, raten wir dir, die Finger davon zu lassen. Beim Smart-Konzept kommt es nicht darauf an, wer, wann beginnt. Alle haben zu jeder Zeit genau die gleichen Chancen, sich ein stabiles Einkommen aufzubauen.

- Wer sind die Firmengründer? Die Firmengründer sollten auf einen Blick erkennbar sein.
- Handelt es sich um eine Firma in einer Firma? Da kannst du davon ausgehen, dass es hier etwas zu verbergen gibt, das in der allgemeinen Verwirrung bezüglich der Geschäftsverantwortlichkeiten verschleiert werden soll.

Welche Produkte eignen sich für das Smart-Konzept?

Damit das Konzept des immer wiederkehrenden Einkommens funktioniert, muss es sich um Produkte handeln, die möglichst viele Menschen brauchen können, die in jedem Haushalt anzutreffen sind und die verbraucht werden. Nicht geeignet sind dabei sämtliche Investitionsgüter oder Anschaffungen, weil diese ja nicht verbraucht werden. Genauso wichtig ist, dass es sich um Produkte von höchster Qualität handelt. Stimmt die Qualität, werden die Produkte auch gerne nachbestellt.

Es müssen natürlich Produkte sein, die wir Menschen auch wirklich brauchen, die Sinn machen und einen hohen persönlichen Nutzen bringen. Produkte einfach nur des Konzeptwillens wegen zu kaufen, nur weil die Verdienstmöglichkeiten goldig im Prospekt stehen, eignen sich genau so wenig. In der heutigen Zeit übernehmen in den Bereichen Gesundheit, Gesundheitsvorsorge, Lifestyle, Fitness und Wellness immer mehr Menschen mehr Eigenverantwortung. Diese Sparten zählen für Wirtschaftsexperten zum Megamarkt der Zukunft.

Suche dir am besten eine Firma aus, die in diesen Bereichen Top-Produkte zu fairen Preisen anbietet.

Clevere Menschen lieben es, Produkte von höchster Qualität zu den bestmöglichen Konditionen direkt beim Hersteller zu beziehen. Und dazu noch die Möglichkeit zu haben, sich die Produkte zu refinanzieren oder damit ein Passiveinkommen zu erreichen - wer möchte das nicht auch? Das eröffnet wirklich starke Zukunftsperspektiven.

Henry Ford pflegte zu sagen: «Ich prüfe jede Gelegenheit, es könnte die Chance meines Lebens sein». Prüfe daher die Möglichkeit sehr gut. Suche dir sorgfältig eine gute und seriöse Firma mit hochwertigen Produkten aus. Am besten probierst du einige Produkte eine Zeit lang aus, so hast du die Möglichkeit, auch die Dienstleistung des Unternehmens zu testen. Überzeuge dich selbst und kaufe nichts, was über deinen persönlichen monatlichen Gebrauch hinaus geht. Wenn du zudem noch die vorgängig erwähnten Punkte beachtest, gehst du keinerlei Risiken ein.

Gib dir genügend Zeit

Der Aufbau eines soliden Passiveinkommens mit dem Smart-Konzept ist ganz bestimmt kein Schnellschuss, der zwar toll knallt, jedoch bald auch schon wieder verhallt. Nachhaltigkeit und langfristige Ausrichtung sind wichtige Faktoren für eine positive Entwicklung. Daher ist es wichtig, dass du dir auch genügend Zeit lässt, eine solide Basis aufzubauen. Denke daran: Du wächst mit dem Erfolg und durch die Erfahrungen der Menschen, die dich begleiten und fördern.

Lass dich nicht von schnell-reich-werden-Systemen blenden. Werfen wir doch einen Blick in die Natur. Alles was sehr schnell wächst, ist im nächsten Jahr häufig nicht mehr da oder hat den Winter nicht heil überstanden. Ein Baum hingegen wächst langsam aber stetig und steht auch dann noch, wenn die schnell wachsenden Pflanzen schon längst nicht mehr da sind. Die heutige Wirtschaft ist voll von Firmen, die von Menschen mit massloser Gewinngier geführt werden. Wer auf das schnelle Geld aus ist, der sollte besser im Hamsterrad bleiben und weiterhin sein kostbarstes Gut Zeit gegen Geld tauschen. Da kann er Geld verdienen. Allerdings, wer nur Geld verdienen will, verdient auch nur Geld.

Beim Smart-Konzept geht es in erster Linie um Beziehungen. Und wer diese pflegt, erreicht wie von selbst Nachhaltigkeit und Stabilität. Je nachdem, wie fleissig du Empfehlungen aussprichst, wirst du auch in dafür angemessener Zeit ein interessantes Einkommen erzielen. Mit diesem Buch kannst du auf eine einfache und lockere Weise interessierte Menschen informieren, ohne dabei viel Zeit aufzuwenden, um alles genau erklären zu müssen, es steht ja alles Nötige drin. Wer darin für sich Perspektiven erkennt, wird sich bestimmt bei dir melden um mehr darüber zu erfahren.

Wir denken, dir ist schon längst bewusst, auf was für einen wertvollen Weg du hier gestossen bist. Du hast tatsächlich die Möglichkeit, dir auf lange Zeit hinaus ein immer wiederkehrendes Einkommen aufzubauen. Es wird auch dann noch fliessen, wenn du einmal weniger oder gar nicht mehr arbeitest.

Das Smart-Konzept ist aber auch gerade deshalb so genial, weil jeder für sich an der ersten Position steht. Du arbeitest für niemanden und niemand muss für dich arbeiten. Alles was du tust, kommt direkt dir zugute. Dein Fleiss wird direkt belohnt, denn mit jeder Person, die das Geschäftsprinzip verstanden hat und es dir gleich tut, kommst du auch automatisch deinem Wunscheinkommen näher. Das ist der solideste und fairste Weg, ein immer wiederkehrendes Passiveinkommen zu erreichen, das nicht auf Kosten anderer entsteht, sondern dadurch, dass du anderen Gutes tust und sie erfolgreich machst.

Es gibt solche Kunden, die einfach die Produkte geniessen und ab und zu eine Empfehlung aussprechen. Es gibt aber auch diejenigen, die ambitionierter sind und ein starkes Motiv haben, ein eigenes Geschäft aufzubauen. Beides ist toll.

Vieles, was im Arbeitsalltag zu kurz kommt, wird hier besonders gefördert und gepflegt, denn die gegenseitige Unterstützung gehört zur Konzeptgrundlage. Alles, was du wissen oder können musst, erfährst und lernst du kostenlos im Team und beim Umsetzen. Da ist kein schmerzvolles Büffeln angesagt. Nicht einmal Produktwissen musst du auswendig lernen. Das brauchst du mit dem Smart-Konzept so wenig wie geschäftliche Kleidung. Deine persönliche Erfahrung mit den Produkten reicht für eine Empfehlung vollkommen aus. Der Experte ist und bleibt der Hersteller.

Der Schlüssel

Kennst du das Geheimnis, das alle sehr erfolgreiche Menschen anwenden? Ja genau, sie treffen klare Entscheidungen, übernehmen dafür die Verantwortung und gehen unbeirrt ihren Weg.

Wir haben viele Menschen kennengelernt, die 40 Stunden die Woche, 40 Jahre lang ihre kostbare Zeit irgendeiner Firma zur Verfügung gestellt haben. Alles, was sie dafür erhalten haben, ist eine Jubiläumsuhr und vielleicht noch einen kräftigen Händedruck vom Chef. Ach, ja - dann gibt es noch jeden Monat eine Rente, die kaum dazu reicht, die auf nach der Pensionierung aufgeschobenen Träume zu verwirkllchen.

Doch soweit muss es nicht kommen, denn du hältst ja nun mit diesem Wissen den Schlüssel zum Ausstieg aus dem Hamsterrad in deinen Händen. Werde aktiv und finde heraus, zu welchem Türschloss dieser Schlüssel passt und welche Türen sich damit öffnen lassen, um schrittweise aus dem Hamsterrad auszusteigen. Dazu braucht es allerdings immer auch eine klare Entscheidung und zwar von dir selbst. Komm danach ins Handeln, informiere dich, was du genau tun kannst und gehe dann unbeirrt deinen Weg.

Dazu haben wir für dich noch einen wichtigen Leitsatz, der nicht nur im Zusammenhang mit dem Smart-Konzept gilt, sondern für alle Lebensbereiche gleich wichtig ist: Lass dir niemals von jemanden einreden, dass du etwas nicht kannst - auch von dir nicht! Wenn du einen Traum hast, dann musst du ihn mit aller Kraft beschützen. Es gibt Menschen, die dir ständig einreden wollen, dass du das nicht kannst, nur, weil sie es selber nicht können. Wenn du etwas willst, dann mach es einfach. Basta!

Und noch dies...

Bis zu dieser Tür konnten wir dich mit diesem Buch begleiten. Wenn du die Courage hast, mit etwas Neuem zu beginnen, so hast du auch die Courage, damit erfolgreich zu werden. Das Leben wird ja bekanntlich nicht an der Zahl der Atemzüge gemessen, sondern an den Momenten, die einem den Atem rauben. Schau genau hin, welche neuen Perspektiven und Möglichkeiten sich mit dem Smart-Konzept für dich öffnen. Wenn du welche entdeckt hast, die dir den Atem rauben, lohnt es sich ganz bestimmt, damit aktiv zu werden. Sei kritisch, aber nicht ängstlich. Neue Dinge benötigen oft eine eigene positive Erfahrung, um daran glauben zu können.

Wir sehen unsere Aufgabe darin, die Erfahrungen mit dem Smart-Konzept allen interessierten Menschen weiterzugeben und ihnen dabei behilflich zu sein, sich das erfüllen zu können, was sie sich wünschen. Oft sind es ganz einfach Wünsche, das eigene körperliche, finanzielle oder soziale Wohlbefinden zu verbessern. Ganz gleich, welcher Bereich für dich derzeit im Vordergrund steht, die Beschäftigung mit dem Smart-Konzept hat einen schönen Zusatzeffekt, denn es entstehen immer auch viele neue Freundschaften in weiten Teilen dieser Welt.

Wir wünschen uns von Herzen, dass du deinen Weg, raus aus dem Hamsterrad in irgend einer Form findest und freuen uns schon jetzt, auch von deinem Erfolg zu erfahren.

Fragen zum Thema kannst du auch direkt an uns richten: info@dream-factory.ch.

Herzlichst, Nick & Regina Lötscher

Die einen finden die Dinge
einfach und tun sie auch gleich.
Die anderen finden die Dinge
nicht einfach und verschieben
sie auf morgen.

Die einen gehen tags darauf
auf ihrem selbstbestimmten Weg.
Die anderen stolpern über das,
was sie gestern auf heute
verschoben haben.